Praise ||||||||||||||||||| D0782866 ||||||||| **anales**

"Canales reminds us of the uniqueness and the extraordinary in our daily lives." —*The McAllen Monitor* on *Orange Candy Slices and Other Secret Tales*

"Cultural traditions come alive in the stories." —*Hispanic* on *Orange Candy Slices and Other Secret Tales*

"The explanations of cultural traditions never feel too purposeful; they are always rooted in immediate, authentic family emotions, and in Canales' exuberant storytelling, which, like a good anecdote shared between friends, finds both humor and absurdity in sharply observed, painful situations." —*Booklist* (starred review) on *The Tequila Worm*

Elogios para la obra de Viola Canales

"Canales nos recuerda la singularidad y lo extraordinario de nuestras vidas cotidianas". —*The McAllen Monitor* sobre *Orange Candy Slice and Other Secret Tales*

"Las tradiciones culturales cobran vida en estos cuentos". —*Hispanic sobre Orange Candy Slices* and *Other Secret Tales*

"Las explicaciones de las tradiciones culturales no son puramente intencionales; siempre están fundadas en emociones familiares auténticas e inmediatas, y en la exuberante narración de Canales, que, como buena anécdota compartida entre amigos, sus agudas observaciones de dolorosas situaciones revelan lo divertido y absurdo de éstas". —*Booklist* (reseña sobresaliente) sobre *The Tequila Worm*

The Little Devil and the Rose
Lotería Poems

El diablito y la rosa
Poemas de la lotería

Viola Canales

Arte Público Press
Houston, Texas

The Little Devil and the Rose: Lotería Poems / El diablito y la rosa: Poemas de la lotería is made possible through grants from the City of Houston through the Houston Arts Alliance.

Recovering the past, creating the future

Arte Público Press
University of Houston
4902 Gulf Frwy, Bldg 19, Rm 100
Houston, Texas 77204-2004

Cover design and halftones by Mora Des¡gns

♾ The paper used in this publication meets the requirements of the American National Standard for Information Sciences—Permanence of Paper for Printed Library Materials, ANSI Z39.48-1984.

14 15 16 17 18 19 20   10 9 8 7 6 5 4 3 2 1

Table of Contents

Dedication / Dedicación

I dedicate this book to my mother Dora Casas Canales (a kindred spirit) and my family (through many generations).

.◆..◆..◆.

Le dedico este libro a mi madre Dora Casas Canales (alma gemela) y a mi familia (a través de muchas generaciones).

Acknowledgements / Reconocimientos

I want to express my gratitude to those who helped inspire these poems, as well as to those who made this book possible: my family, Dr. Elvia Ardalani, Dr. Nicolás Kanellos, Marina Tristán and Dr. Gabriela Baeza Ventura.

.◆..◆..◆.

Agradezco a los que inspiraron estos poemas, así como a los que hicieron posible este libro: mi familia, Dra. Elvia Ardalani, Dr. Nicolás Kanellos, Marina Tristán y Dra. Gabriela Baeza Ventura.

The Little Devil and the Rose

Lotería Poems

El diablito y la rosa

Poemas de la lotería

Viola Canales

The Rooster

1. The Rooster

It's said that a rooster crowed when Christ was born
the one day animals can talk

so I went across to our neighbor's coop
and put a rooster in a box

then, later, with bated breath
I sat all through the holy mass

and when midnight finally came
I stared and wondered at the box

it did not talk, not even crow

but somehow I felt it had
for I felt certain he'd finally come

1. El gallo

El gallo

Se dice que un gallo cantó cuando Cristo nació
el único día en que los animales pudieron hablar

así que fui al gallinero de nuestro vecino
y puse un gallo adentro de una caja

luego, más tarde, con la respiración contenida
me senté hasta el final de la santa misa

y cuando finalmente llegó la medianoche
miré fijamente y reflexioné sobre la caja

no hablaba, ni siquiera cantaba

pero sentí que lo había hecho
pues tuve la certeza de que él había llegado por fin

The Little Devil

2. The Little Devil

At catechism we got a picture to color
a small box of crayons too

the purple image of the crucified Christ
smelled and felt cool like alcohol

while the eight crayons
were all blunt and broken, except the red

so I colored the cross red
then Jesus' hands, feet, body
and face, red too

How dare you color our Lord red!

I turned and saw that I'd even colored the nun red too

2. El diablito

El diablito

En el catecismo nos dieron un dibujo para colorear
y una pequeña caja de crayones

la imagen morada del Cristo crucificado
olía y se sentía fresca como el alcohol

mientras los ocho crayones
estaban desafilados y rotos, menos el rojo

así que coloreé la cruz de rojo
después las manos, los pies, el cuerpo de Jesús
y su cara, rojos, también

¡Cómo te atreves a colorear a nuestro Señor de rojo!

Me di la vuelta y vi que hasta había coloreado a la monja de rojo

The Sponsor

3. The Sponsor

I was a *dama* at my cousin's wedding

the barrio's seamstress made all our dresses,
long, poofy summer things
the color and lightness of lemonade

I wore it once

while her marriage still grows like an orange tree,

always green, white-blossomed, full of the sweetest oranges
all at once
and delighting us all still

3. La dama

La dama

Fui dama en la boda de mi prima

la costurera del barrio hizo todos nuestros vestidos,
unas cosas largas, esponjadas, de verano
del color y ligereza de la limonada

lo usé una vez

mientras su matrimonio sigue creciendo como un naranjo,

siempre verde, blanco, florecido, lleno de las naranjas más dulces,
todo al mismo tiempo
y deleitándonos a todos

The Dandy

4. The Dandy

Every home altar had a picture of Jesus
another of John F. Kennedy

everyone learned to sneer at the dandy picture
in their Mexican bingo games
calling him "the 41!" or "the faggot!"

Though J.F.K. wore stripped pants
and Jesus died naked

4. El catrín

El catrín

Todo altar casero tenía un retrato de Jesús
otro de John F. Kennedy

todos aprendieron a burlarse del retrato del catrín
en sus juegos de lotería
llamándolo "¡el 41!" o "¡el maricón!"

Aunque John F. Kennedy usaba pantalones a rayas
y Jesús murió desnudo

The Umbrella

5. The Umbrella

Every Saturday my mother, as a kid,
popped open her prized child's bright umbrella
as did her little sister
and followed their mother's adult one
from their Paloma barrio home
to downtown Main Street McAllen
walking like ducks in a row
street after street

then, one Saturday
the littlest one disappeared
inside the wilderness of Woolworth's

they searched and searched
aisle after aisle
to find only her tiny red umbrella
tossed to one side

Dwarfs! Dwarfs! Dwarfs!
She came running
pointing
bursting with thrill

at two smiling adults from the big top
who'd just arrived in town

5. El paraguas

El paraguas

Todos los sábados mi mamá, cuando era chica,
abría su apreciado paraguas brillante de niña
como también lo hacía su hermanita
y seguían al paraguas de adulto de su madre
desde su casa en el barrio de la Paloma
al centro en la calle principal de McAllen
caminando como patos en fila
calle tras calle

entonces, un sábado,
la más pequeña despareció
dentro de la selva de Woolworth's

buscaron y buscaron
pasillo tras pasillo
hasta encontrar su diminuto paraguas rojo
tirado en el suelo

¡Enanos! ¡Enanos! ¡Enanos!
Vino corriendo
señalando
reventando de emoción

a dos adultos sonrientes de la carpa grande
que acababan de llegar al pueblo

The Mermaid

6. The Mermaid

Three things the priest told you to do on Good Friday:
the Stations of the Cross
fast
not take a bath

the first was long
the second, hard
the third made no sense at all

she endured the first
grumbled through the second
half way did the third

and that's how she came to be our little mermaid,
the one we go to Padre Island to see

6. La sirena

La sirena

Tres cosas que el Padre te decía que hicieras en Viernes Santo:
las Estaciones de la Cruz
ayunar
no bañarte

la primera era larga
la segunda, difícil
la tercera no tenía ningún sentido

ella sufrió la primera
gruñó durante la segunda
e hizo la tercera a medias

y así fue como llegó a ser nuestra sirenita,
la que vamos a ver a la Isla del Padre

The Ladder

7. The Ladder

Main Street McAllen had the most marvelous thing
a store with a moving escalator

what splendid fun it was to ride up and down
to visit my cousin's mom on the highest floor
who was always dashing about
waiting on people, selling dresses, patterns and cuts of cloth

it was even more marvelous, though,
around Christmas time, I heard her say,
when it had to be stopped, sometimes twice a day,
after yet another lady with even bigger bags
slipped and tumbled,
going down the going up escalator

for it was only then
when they, the sales ladies, all
rushed to look and sometimes laugh
forgetting their frustration

7. La escalera

La escalera

La calle principal de McAllen tenía la cosa más maravillosa
una tienda con escalera eléctrica

qué espléndida diversión era pasear para arriba y para abajo
visitar a la madre de mi prima en el piso más alto
quien siempre corría de aquí para allá
atendiendo a la gente, vendiendo vestidos, patrones y cortes de tela

sin embargo, era aún más maravilloso
alrededor de la Navidad, la oí decir,
cuando tenían que detenerla, a veces dos veces al día,
después de que otra señora con bolsas todavía más grandes
se resbalaba y caía,
bajando la escalera mecánica de subida

porque sólo entonces,
ellas, las dependientas, todas
se apresuraban a ver y a veces a reírse
olvidando su frustración

the customer stealing
that their most unmarvelous boss induced between them
while laughing at their requests for earned vacation,
time to care for their sick, attend each other's weddings and wakes

saying, all they did was have fiestas
and who'd want to be elsewhere
other than in his new and marvelous place

el robo por la clienta
que el jefe más odioso provocaba entre ellas
mientras se reía de sus peticiones por merecidas vacaciones,
tiempo para cuidar a sus enfermos, asistir a bodas y velorios de
    unas y otras

diciéndoles que todo lo que hacían era tener fiestas
y quién querría estar en otro sitio
en vez de en su nueva y maravillosa tienda

The Bottle

8.The Bottle

I dug out our backyard fire ant hill
buried an empty glass Coke bottle
carefully polished the opening smooth
then waited

watching as the red ants slipped in
one by one
each a victory
adding to my visionary tower of nickels and chocolate bars

an hour later
I unearthed
a squirming treasure of rubies
a quarter bottle full

next, going door to door,
I found no buyers,
so I let them all go home,
then smashed the bottle

8. La botella

La botella

Escarbé el hormiguero de las hormigas de fuego en nuestro patio
enterré una botella de Coca-Cola vacía
cuidadosamente pulí la abertura alisándola
entonces esperé

vi cómo las hormigas rojas se deslizaban adentro
una por una
cada una una victoria
que añadía a mi visionaria torre de níqueles y barras de chocolate

una hora después
desenterré
un tesoro de rubíes que se retorcían
un cuarto de botella llena

después, fui de puerta en puerta,
no encontré ningún comprador,
así que dejé que todas fueran a sus casas,
luego quebré la botella

The Barrel

9. The Barrel

Cecilia, Antonio, Francisco
named at birth for their saint's day

Flaca, Frijol, Barril
called later by friends

Celia, Tony, Frank
referred to at school, then work

Cecilia, Antonio, Francisco
printed in black on their death certificates

9. El barril

El barril

Cecilia, Antonio, Francisco
nombrados al nacer por el día de su santo

Flaca, Frijol, Barril
llamados luego por los amigos

Celia, Tony, Frank
nombrados así en la escuela, después en el trabajo

Cecilia, Antonio, Francisco
impresos en negro en sus actas de defunción

The Tree

10. The Tree

Purple pomegranate seeds
taste sweet
but stain your white communion dress
forever

green mulberries
taste sour
and make you throw up
but just for awhile

eating mulberries
after pomegranate seeds
makes sense

for it'll make your parents
sweet
even if you feel
sick and sour

10. El árbol

El árbol

Las semillas moradas de la granada
son dulces
pero manchan tu vestido de comunión blanco
para siempre

las moras verdes
son agrias
y te hacen vomitar
pero sólo por un rato

comer moras
después de semillas de granada
tiene sentido

pues hará que tus padres
sean dulces
aunque tú te sientas
mal y agria

The Melon

11. The Melon

Dark copper *trenzas*
down to her butt

shining and perfectly braided
even in the sweatiest,
the hottest of the *canícula* days

whispers, starting soft, then higher,
up and down
the endless rows of cotton plants

Vanity!
For only the shortest cuts of
hair made any sense,
of course

then, bald—completely—
all around like a melon head

until total silence
up and down the many pews

all marveling at the saints' beautiful new copper hair

11. El melón

El melón

Trenzas oscuras color cobre
hasta las nalgas

brillosas y perfectamente trenzadas
hasta en los días más sudorosos,
los más calientes de la canícula

cuchicheos que comienzan suaves y después suben,
arriba y abajo
por las filas interminables de los algodonales

¡Vanidad!
Pues sólo los cortes de pelo más cortos
tenían sentido,
por supuesto

después, calva —completamente—
toda como una cabeza de melón

hasta que se hizo totalmente el silencio
desde arriba hasta abajo de los muchos bancos

todos maravillándose del nuevo y hermoso pelo de cobre de los
    santos

The Brave Man

12. The Brave Man

Left as a young man the day
  he was born

returned an old man
  he now a man

presents his son with his only present ever;
  a box of bright toy soldiers

El valiente

12. El valiente

Se fue de joven el día
  que nació

regresó de viejo
  él ahora un hombre

presenta a su hijo el único regalo de su vida;
  una caja de soldaditos brillantes

The Bonnet

13. The Bonnet

Rice pudding
always ate as a baby

capirotada and hot chocolate
always had as an adult during Lent

a bowl of rice pudding and a cup of chocolate
I now relish and feast on as a soul
on the only day I can eat still—
The Day of the Dead

13. El gorrito

El gorrito

Arroz con leche
siempre comía de bebé

capirotada y chocolate caliente
siempre de adulta durante la Cuaresma

un tazón de arroz con leche y una taza de chocolate
disfruto ahora y festejo como ánima
en el único día en que puedo todavía comer
El Día de los Muertos

Death

14. Death

First dead person I saw
I thought was a doll.
My brother and I
yanked it back and forth
till our mother
said it was our little sister
and put her back in her crib

The second
a grown man
laying in a coffin
next to my bedroom. I thought he was sleeping
till he got put in the ground the next day

The third
sat at a table at Starbucks
drinking cup after cup of coffee
telling me things
that mattered no more to me

14. La muerte

La muerte

La primera persona muerta que vi
pensé que era una muñeca
Mi hermano y yo
la empujamos hacia atrás y hacia adelante
hasta que nuestra madre
dijo que era nuestra hermanita
y la puso de nuevo en su cuna

La segunda
un hombre adulto
colocado en un cajón
junto a mi recámara. Parecía dormir
hasta que fue puesto en la tierra el día siguiente

La tercera
se sentó en una mesa en Starbucks
tomando taza tras taza de café
diciéndome cosas
que ya no me importaban

The Pear

15. The Pear

I baked my first cake (a pear cake)
for our church fair's cakewalk

there were all kinds of games, food stalls
and a big raffle too

but all I could care about was my dear little cake
for no one had chosen it
even walk after walk

till I finally won
and picked it as best prize
although it cost me every single one
of my tickets and more

and while walking it home
I stumbled upon
my next door neighbor and friend
carrying the very cake I knew she'd spent
all last evening to make

15. La pera

La pera

Horné mi primer pastel (un pastel de pera)
para la Cake Walk de la kermés de nuestra iglesia

había todo tipo de juegos, puestos de comida
y una rifa grande también

pero todo lo que me importaba era mi pastelito
porque nadie lo había escogido
aún despés de vueltas y vueltas

hasta que finalmente gané
y lo escogí como mi premio
aunque me costó cada uno
de mis boletos y más

y mientras lo llevaba a casa
me encontré con
mi vecina y amiga
quien llevaba el mismo pastel que yo sabía se había pasado
haciendo toda la tarde de ayer

The Flag

16. The Flag

The Mexican Flag's eagle on the cactus
tells the story of the Aztecs
finally finding their home

the calendar's September 16
tells the story of how the new Aztecs
finally took it back

but now we of the them, here, in the U.S.,
although on the very same land as before,
celebrate Cinco de Mayo

but not with our stories and history and pride as before
rather with beer, food, dance and even jokes

16. La bandera

La bandera

El águila en el nopal de la bandera mexicana
cuenta la historia de los aztecas
que por fin encontraron su casa

el 16 de septiembre del calendario
cuenta la historia de cómo los aztecas nuevos
finalmente la tomaron de vuelta

y ahora nosotros, sus descendientes, aquí, en los Estados Unidos,
aunque en la misma tierra como antes,
celebramos el Cinco de Mayo

pero no con nuestros cuentos e historia u orgullo como antes
más bien con cerveza, comida, baile y hasta chistes

The Mandolin

17. The Mandolin

At your baptism, birthdays, confirmation and *quinceañera*
later at your wedding
and thereafter on every Mother's Day

I came and sang to you "Las Mañanitas"
wearing my *charro* outfit and playing my guitar

today, even though your eyes are closed forever,
I'm here again
to play and sing to you
the same song

and from now on
come November
I'll come sing to you again
on The Day of the Dead
forever more

17. El bandolón

El bandolón

En tu bautizo, cumpleaños, confirmación y quinceañera
luego en tu boda
y después en cada Día de las Madres

vine y te canté "Las Mañanitas"
vestida en mi traje de charro y tocando mi guitarra

hoy, aunque tus ojos están cerrados para siempre,
estoy aquí de nuevo
para tocarte y cantarte
la misma canción

y de ahora en adelante
llegado noviembre
vendré a cantarte otra vez
en El Día de los Muertos
por la eternidad

The Cello

---

18. The Cello

He thought he'd grow up to be a violin
but kept on growing
and became a violoncello

She thought she'd grow to be a rose
but kept on growing
and became a palm tree

I thought I'd grow to become a nun
but kept on growing
and became a *duende*

18. El violoncello

El violoncello

Él pensó que crecería hasta convertirse en un violín
pero siguió creciendo
y se hizo un violoncello

Ella pensó que crecería hasta convertirse en una rosa
pero siguió creciendo
y se hizo palma

Yo pensé que crecería hasta convertirme en monja
pero seguí creciendo
y me hice duende

The Heron

19. The Heron

El Valle has recently become a birders' paradise
where Anglos travel to spot birds to jot down their names in
   notebooks

we, from here, grew up seeing only the same *chistas* everywhere,
referring to them as *no tienen chiste las chistas,* for they seemed
   truly boring
these so-called English sparrows

but those that cast a spell on us
then, as now
we never saw

some which we never wished to see:
lechuzas, witches in disguise,
chupacabras, those that sucked the blood of goats

and others that were too mystical to note:
the white dove, the holy spirit in disguise,
the eagle killing the snake on the cactus, the sign given the Aztecs
   of their future home

19. La garza

La garza

El Valle se ha convertido en un paraíso para observadores de aves
donde los anglos viajan a ver pájaros para anotar sus nombres en
  cuadernos

nosotros, los de aquí, crecimos viendo sólo los mismos chistas por
  todas partes,
refiriéndonos a ellos con un "no tienen chiste los chistas", porque
  parecían verdaderamente aburridos
esos gorriones ingleses

pero aquellos que nos hechizaron
entonces, como ahora
nunca los vimos

algunos de los que nunca hemos querido ver:
lechuzas, brujas disfrazadas,
chupacabras, esos que chupan la sangre de las cabras

y otros que eran demasiado místicos para ver:
la paloma blanca, el espíritu santo disfrazado,
el águila devorando una víbora en el nopal, la señal dada a los
  aztecas de su futuro hogar

The Bird

20. The Bird

Her first box of crayons had 8 colors
the second, 16
the third, 24
the fourth, 48
the fifth, 64
the last, only neutral ones

she'd been growing into an ever more brilliant hummingbird of
    color in our barrio
    a flying jewel
    an Aztec dream

but at the end, far away from us, we'd heard
    she'd broken through
    could finally pass

and we only saw what this did mean
    when she was finally shipped, in a box, back to us

20. El pájaro

El pájaro

Su primera caja de crayones tenía 8 colores
la segunda, 16
la tercera, 24
la cuarta, 48
la quinta, 64
la última, sólo los neutrales

ella había estado tornándose en un colorido colibrí cada vez más
       brillante en nuestro barrio
    una joya voladora
    un sueño azteca

pero al fin, muy lejos de nosotros, oímos
    que se había abierto paso
    que por fin podía pasar

y sólo comprendimos lo que esto significaba
    cuando finalmente nos la enviaron de regreso en una caja

The Hand

21. The Hand

In the morning I arrived at my first-grade class
knowing no English

at noon I got smacked by the teacher
for speaking Spanish outside, in the playground

at night I knelt and prayed to the Lord
to protect me from that very scary and dangerous school world

21. La mano

La mano

Por la mañana llegué a mi clase de primer grado
sin saber nada de inglés

al medio día me azotó la maestra
por hablar español afuera, en el patio de recreo

por la noche me arrodillé y le pedí al Señor
que me protegiera de ese mundo de miedo y peligro de la
    escuela

The Boot

22. The Boot

Cowboy boots, like we wore in the ranch to go hunting
    guarding us against the snakes and thorns

combat boots, like we wore in the Army to fight the enemy
    guarding us against the cold and terrain

death boots, highly polished and standing in front of our dead
       soldier friend's M-16,
his steel helmet on top,
    to guard against our not and never understanding

La bota

22. La bota

Botas de vaquero, como las que usábamos en el rancho para ir a
　　cazar
　　protegiéndonos de víboras y espinas

botas de combate, como las que usábamos en el ejército para
　　luchar contra el enemigo
　　protegiéndonos del frío y del terreno

botas de muerte, lustrosas y puestas enfrente del M-16 de nuestro
　　compañero muerto,
su casco de acero encima,
　　protegiéndonos contra nuestro no y sin comprender nunca

The Moon

23. The Moon

As a child I'd stare at the Virgin at the San Juan Shrine
    wondering why she perched on top of a crescent moon
    why she was placed in the front and center altar
    all surrounded by the most glorious golds and silvers and
        white marble
    oil paintings that told the most amazing and astonishing stories
    in jewel colors of rubies, emeralds, diamonds and sapphires
    inspired by the old world of Spain and Italy, I was told,
    faraway places from where our ancestors also came,
    making her house seem so magical, so unlike all those around,
    those of the poor, the Mexican-American, the farm and ranch
        workers now
    though built by them, I was also told, through their sacrifice
        and donations
    for she to them, this little Virgin, was their miracle worker,
        their celestial mother,
    their only hope left
    after losing so much, if not everything, after the war

23. La luna

La luna

De niña me quedaba mirando a la Virgen en el santuario de San
    Juan
    preguntándome por qué se posó encima de una luna creciente
    por qué la colocaron en el altar central
    toda rodeada con el oro y la plata más gloriosos y el mármol
        blanco
    con pinturas al óleo que contaban las historias más increíbles y
        asombrosas
    en colores enjoyados de rubíes, esmeraldas, diamantes y zafiros
    inspirados por el viejo mundo de España e Italia, me contaron,
    lugares lejanos de donde nuestros antepasados también vinieron,
    haciendo su casa parecer tan mágica, tan diferente a las que
        la rodeaban,
    las de los pobres, los mexicano-americanos, los trabajadores
        del rancho y agrícolas ahora
    aunque construida por ellos, también me dijeron, a través de
        su sacrificio y donaciones
    porque para ellos ella, esta Virgencita, era su trabajadora de
        milagros, su madre celestial,
    la única esperanza que quedaba
    después de perder tanto, si no todo, después de la guerra

and when the Anglo Protestant man destroyed her home with
	the plane like a bomb
	she on the crescent moon was saved
	and then honored and thanked for her biggest and most
		wonderful miracle yet
	that of saving the many priests saying Holy Mass inside
	along with the school children eating their lunch next door

but soon many of those who had helped build the shrine
	started to lose some and then all their hope
	for now this new home had been taken as well
	making them see only the crescent moon
	and not the Virgin as before

though others saw and felt the sharp crescent too
	for them it wasn't like night and a knife through their souls
	rather they got to where it made them feel Christ in their hearts

and it was them who first envisioned, then built the
	little Virgin's brand new, now basilica, home

where the crescent moon is no longer a sword but a bridge
	attracting pilgrims across all borders in search of their souls
	with music that's mariachi, Jewish, Protestant and all
	and, yes, this, a true miracle once more

y cuando el anglo protestante destruyó su casa con el
    avión como una bomba
ella, en la luna creciente, fue salvada
y luego honrada, y se le agradeció por el milagro más grande
    y maravilloso
el de salvar a los muchos sacerdotes que dentro daban la
    santa misa
junto con los niños que comían su almuerzo en la escuela de
    al lado

pero pronto muchos de los que habían ayudado a construir el
    santuario
comenzaron a perder un poco y luego toda su esperanza
porque ahora esta nueva casa había sido tomada también
haciéndoles ver sólo la luna creciente
y no la Virgen como antes

aunque otros vieron y sintieron la media luna afilada
    para ellos no era como la noche y un cuchillo que atravesaba
    sus almas
más bien llegaron hasta donde sintieron a Cristo en sus
    corazones

y fueron ellos quienes primero imaginaron y entonces construyeron
    una casa completamente nueva, ahora basílica, para la
    Virgencita

donde la luna creciente ya no es una espada sino un puente
    atrayendo a los peregrinos por todas las fronteras en
    busca de sus almas
    con música de mariachi, judío, protestante y otras
    y, sí, es un verdadero milagro una vez más

The Parrot

24. The Parrot

The biggest gossip in our barrio
    happens to also be our barrio's best *curandera*

what she can't cure with herbs, teas and prayers
    she does through knowing everyone
    and everyone's business

for practicing her sacred task (her *don*) is all about restoring balance
    inside a person, with herbs, teas and prayers
    while within a barrio, through gossip

El cotorro

24. El cotorro

La chismosa más grande de nuestro barrio
    resulta ser también la mejor curandera del barrio

lo que no puede curar con hierbas, tés y rezos
    lo hace conociendo a todos
    y averiguando los asuntos de todos

pues practicar su tarea sagrada (su don) es cuestión de restaurar
        el equilibrio
    dentro de la persona, con hierbas, tés y rezos
    y dentro del barrio, con el chisme

The Drunk

25. The Drunk

The string of *cantinas* on 18th Street
 were filled with mystery and secrets
 growing up

and though I never once saw a person go in or out of one
 I heard more about them than of people I saw each and every
  day

I wondered how such dark things could possibly happen behind
  such bright walls
 for they were painted a brilliant turquoise and gold, red and
  orange

and when a man did something horrible that everyone read
  about in the paper
 like murder or adultery or worse
 all I heard from the women around
 was that, of course, it must've all started in one of those
  cantinas on 18th Street

25. El borracho

El borracho

La cadena de cantinas en la calle 18
    estaba llena de misterio y secretos
    cuando era chica

y aunque nunca vi a una persona entrar o salir de una
    oí más acerca de ellas que de las personas que veía todos
        los días

yo me preguntaba cómo podían suceder cosas tan oscuras detrás
        de esas paredes relucientes
    porque estaban pintadas de turquesa brillante y dorado,
        rojo y anaranjado

y cuando un hombre hacía algo horrible, algo que todo mundo leía
        en el periódico
    como un asesinato o adulterio o algo peor
    lo único que oía de las mujeres a mi alrededor
    era que, por supuesto, todo debió haber comenzado en una
        de esas cantinas en la calle 18

drunks, they would say, sighing and shaking their
        heads in accusation,
    adding that such places were truly dangerous
    for that's through where the very devil entered our town

the devil got into him
        was what they'd always say at hearing of such sins
    _ Was this why they called tequila bottles, *spirits?* I wondered

But then I witnessed how one *comadre* would claim
    that she'd lied or stolen or gossiped or strayed
    because the devil had gotten into her
    though she swore she hadn't drunk even a drop
    and that was all she needed to say
    for another *comadre* to simply shake her head, though not in
        accusation

and this is when I understood that *cantinas* were for men
    what simple talk could be for women

borrachos, decían, suspirando y sacudiendo las cabezas acusando,
    añadiendo que tales lugares eran realmente peligrosos
    porque era por donde el mismo diablo entraba a nuestro
        pueblo

se le metió el diablo
    era lo que siempre decían al oír pecados como estos
    ¿Sería por eso que llamaban a las botellas de tequila, *spirits*?
    Me preguntaba

Pero luego fui testigo de cómo una comadre aseguraba
    que había mentido o robado o chismeado o se había desviado
    porque se le había metido el diablo
    aunque juraba que no había bebido ni una gota
    y esto era todo lo que tenía qué decir
    para que otra comadre simplemente sacudiera la cabeza,
        aunque sin acusar

y es entonces cuando comprendí que las cantinas eran para los
        hombres
    lo que una plática sencilla era para las mujeres

The Dear Black Man

26. The Dear Black Man

My *abuelita* called him "El Negrito"
    and she kept a small statute of him on the bureau,
    in the small bedroom we shared

and though his hands which held a broom were dark
    his face was chalk-white from being so old
    and having fallen so much
    and his body, draped in the black and white of a Dominican
        monk,
    could twist and turn in three ways,
    around the thin metal wire inside

also a bowl lay at his feet out of which a cat, dog, bird and
        mouse ate
    and when I asked how this could be so
    she told me the story about his rats:
    how his brother monks had asked him why he fed rats inside
        their home
    then how he'd replied
    saying he'd only felt their hunger, nothing more

26. El negrito

El negrito

Mi abuelita lo llamaba "el Negrito"
   y guardaba una pequeña estatua de él en el buró,
   en la recámara pequeña que compartíamos

y aunque sus manos, que sostenían una escoba, eran oscuras
   su cara era blanca como una tiza de lo viejo que estaba
   y por haberse caído tanto,
   y su cuerpo, cubierto con el negro y blanco de un monje
      dominico,
   podía torcerse y ponerse en tres posiciones,
   en el alambre de metal fino que tenía dentro

también había un tazón a sus pies en donde un gato, un perro,
      un pájaro y un ratón comían
   y cuando le pregunté a mi abuelita cómo era posible esto
   ella me contó la historia de sus ratas:
   cuando sus hermanos monjes le preguntaron por qué daba de
      comer a las ratas dentro del hogar
   él les contestó
   que sólo había sentido su hambre, eso era todo

this was how our own *pláticas* began,
    just as those that San Martín de Porres had
    with his rats
    how if they would only agree to go outside,
    he would continue to feed them there

and these *pláticas* seemed to work like miracles
    as El Negrito turned these rats into his friends
    simply more of the Lord's creations
    ones which, of course, got hungry, too
    and that explained these other enemies
    now gathered 'round the bowl and eating

later when I got older and became dark from the summer sun
    we finally had the *plática* about El Negrito
    how he'd been born to a pale Spanish father,
    his mother, a dark Indian woman
    and how when he'd turned dark with the sun
    his father had then turned his very back on him

and how this had then given El Negrito his sacred magic *don*
    of seeing things differently
    which brought enemies together
    like the animals around the bowl

yes, this was why El Negrito was her very favorite saint
    my *abuelita*'s personal patron saint
    for although she was pale, too
    she'd lived through the vestiges of the Mexican War
    the loss of land, culture, language and control
    and it was El Negrito to whom she turned for hope

así fue como empezaron nuestras pláticas,
    precisamente como las que San Martín de Porres
    tuvo con sus ratas
    que si ellas aceptaban salir,
    él seguiría dándoles de comer afuera

y estas pláticas parecieron funcionar como los milagros
    pues el Negrito transformó a esas ratas en amigas
    simplemente otra creación del Señor
    una que, por cierto, también sentía el hambre
    y eso explicaba que estos enemigos
    se reunieran alrededor del tazón comiendo

cuando crecí y me puse prieta por el sol del verano
    finalmente tuvimos la plática sobre el Negrito
    de cómo había nacido de un padre español pálido,
    su madre, una indígena de piel oscura,
    y de cómo cuando él se había oscurecido con el sol
    su padre le había dado la espalda

y cómo esto le había dado al Negrito su sagrado don mágico
    de ver las cosas de otra manera
    y unir a los enemigos,
    como los animales, alrededor del tazón

sí, por eso el Negrito era su santo favorito
    el santo patrón personal de mi abuelita
    pues aunque ella también era pálida
    había vivido los vestigios de la guerra con México
    la pérdida de la tierra, la cultura, el idioma y el control
    y era el Negrito quien le daba esperanza

and it is him, San Martín de Porres, with broom in hand,
   I now see standing before the Room of Miracles
   of the Basilica of San Juan,
   the one built after the hope of so many in El Valle
   was suddenly and violently extinguished
   the moment their shrine was destroyed
   with a fire bomb of a plane
   flown into the dark-skinned Virgin's Catholic shrine
   by a white Anglo Protestant man

and it is him, El Negrito, who will hopefully bring us all together
   Catholic and Protestant
   and finally end the wars that continue to rage
   since medieval times

y es él, San Martín de Porres, con la escoba en la mano,
   a quien ahora veo de pie en el Cuarto de los Milagros
   de la Basílica de San Juan,
   la que fue construida después que la esperanza de tantos en
      El Valle
   se extinguió de pronto y violentamente
   el momento en que su santuario fue destruido
   con la bomba de fuego de un avión
   que volaba sobre el santuario católico de la Virgen de piel oscura
   por un hombre blanco anglo protestante

y es él, el Negrito, quien esperamos nos una a todos
   católicos y protestantes
   y finalmente termine las guerras que siguen haciendo furor
   desde la época medieval

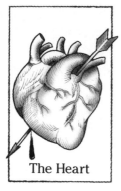
The Heart

27. The Heart

The heart
    that beats out for love

the pierced heart
    that bleeds in with sorrow

the one
    who's bloomed them both within
    is only now able to seed
    outside
    with hope

27. El corazón

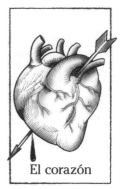

El corazón

El corazón
   que late por amor

el corazón perforado
   que sangra hacia adentro con dolor

el que
   los ha florecido a los dos por dentro
   ahora sólo puede sembrar
   afuera
   con esperanza

The Watermelon

28. The Watermelon

As a baby, the top of my crown fell
    resulting in *caída de mollera*
the *curandera* came, pushed up on my palate
    causing my head to become round again

as a toddler, my eyes became big sores
    turning into *mal de ojo*
       the *curandera* came, rolled a chicken egg around them with
          prayer
    healing them overnight of the curse

as a child, I ate an entire watermelon
    getting *empacho*
the *curandera* came, brewed me a tea
    making my stomach feel better

as a teenager, I got in a car accident
    giving me *susto*
the *curandera* came, swept me with a broom
    allowing me to finally sleep again

as a young adult, my heart was broken
    extinguishing my interest in everything
the *curandera* came, saw, prayed,
    then said I'd lost my soul

28. La sandía

La sandía

De bebé, la mollera se me hundió
    resultó ser caída de mollera
la curandera vino, me empujó el paladar hacia arriba
    e hizo que la cabeza se me pusiera redonda de nuevo

de pequeña, los ojos se me transformaron en grandes llagas
    se convirtió en mal de ojo
la curandera vino, me pasó un huevo de gallina con rezos
    y me curó de la noche a la mañana de la maldición

de niña, me comí una sandía entera
    conseguí empacharme
la curandera vino, me preparó un té
    e hizo que mi estómago se sintiera mejor

de adolescente, estuve en un accidente de carro
    me dio susto
la curandera vino, me barrió con la escoba
    y me devolvió el sueño

de adulta joven, se me rompió el corazón
    se extinguió mi interés en todo
la curandera vino, vio, rezó,
    luego dijo que había perdido el alma

next the barrio's shaman came, the parish priest,
   but even he couldn't convince my soul to come back to me
   saying that perhaps a ghost had taken it away
   for I'd become too dark and sad a home for her

this is when the *tías* and *madrinas* and *comadres* appeared
   filling every corner and inch of my room
   with the most exciting and enchanting of spells:
   Mexican hot chocolate, warm pumpkin *empanadas,*
   butter-yellow *esperanza* flower trumpets . . .
   all chasing away my sorrow
   and bringing back my soul

and now as a middle-aged woman, I don't fear, not even death
   after having seen the magic inside the seeming ordinary
   like the nutmeg seed I now always carry secretly in my pocket
   which keeps me together with my soul
   until I can get home
   to make it a cup of frothy hot chocolate

enseguida vinieron el chamán del barrio, el sacerdote de la
     parroquia,
   ni siquiera éste pudo convencer a mi alma que regresara a mí
   dijo que quizás un fantasma me la había quitado
   porque yo era demasiado oscura y triste para hospedarla

fue entonces cuando las tías y madrinas y comadres aparecieron
   llenaron cada rincón y pulgada de mi cuarto
   con los hechizos más emocionantes y encantadores:
   chocolate mexicano caliente, empanadas de calabaza recién
     hechas,
   esperanzas: flores de trompeta, amarillas como la mantequilla . . .
   todo para ahuyentar mi dolor
   y me regresaron el alma

y ahora, como mujer de mediana edad, no le tengo miedo ni a la
     muerte
   después de haber visto la magia dentro de lo aparentemente
     ordinario
   como la semilla de nuez moscada que ahora siempre llevo
     escondida en mi bolsillo
   la que me mantiene atada a mi alma
   hasta que pueda volver a casa
   para hacerle una taza de chocolate caliente y espumado

The Drum

29. The Drum

Pom! Pom! Pom!
   Sounds the drum

starting at the church door
   up and down the barrio's streets
   to the plaza
   the children march in procession
   dressed in the most dark and horrible of guises:
      devils and witches, vampires and skeletons
      scaring every and all evil away

Clang! Clang! Clang!
   Summons the church bell

welcoming with joy
   the annual visit of our child souls
   filling us all inside with light,
   awe and love once more

29. El tambor

El tambor

¡Pom! ¡Pom! ¡Pom!
    Suena el tambor

comienza en la puerta de la iglesia
    avanza por las calles del barrio
    a la plaza
    los niños marchan en procesión
    vestidos con los disfraces más oscuros y horribles:
        diablos y brujas, vampiros y esqueletos
        ahuyentando a todos los males

¡Clang! ¡Clang! ¡Clang!
    Nos llama la campana de la iglesia

da la bienvenida con alegría
    a la visita anual de las almas de nuestros niños
    llenándonos a todos de luz,
    admiración y amor una vez más

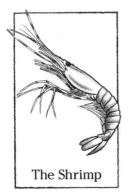

The Shrimp

30. The Shrimp

When the women became pregnant
   growing bigger and bigger
   till they knew they could no longer flee
   they realized their need for *comadres*
   those who could guard and save them
   and this is how and when they learned
   the importance of friends and keeping friendships
   through the everyday practice of talk and teas, coffees and
      meriendas
   of sharing recipes, as well as fruits from their trees
   and especially of stories and gossip

and most important, they made sure to gather their daughters
   round
so if and when they got where they could no longer run from
   danger
all they needed was to summon their very own clan of *comadres*
since as always the men and boys simply learned how to run

30. El camarón

El camarón

Cuando las mujeres se embarazaban
    engordando más y más
    hasta que descubrían que ya no podrían huir
    comprendían la necesidad de tener comadres
    quienes pudieran protegerlas y salvarlas
    y así fue cómo y cuándo aprendieron
    sobre la importancia de las amigas y de la amistad
    a través de la práctica cotidiana de la conversación y los tés,
        cafés y meriendas
    de compartir recetas, así como las frutas de sus árboles
    y especialmente las historias y los chismes

y lo que es más importante, se aseguraron de reunir a sus hijas a
    su derredor
por si llegaban hasta donde no podrían huir del peligro
lo único que necesitarían sería convocar su propio clan de
    comadres
ya que tanto los hombres como los niños siempre aprendían
    simplemente a correr

The Arrows

31. The Arrows

1. Jesus is condemned to death. *Jesús es condenado a muerte.*
2. Jesus takes his cross. *Jesús toma su cruz.*
3. Jesus falls the first time. *Jesús cae por primera vez.*

English-Only initiative! This is America!

11. Jesus is nailed to the cross.
12. Jesus dies on the cross.
13. Jesus is taken down from the cross.
14. Jesus is buried.

31. Las jaras

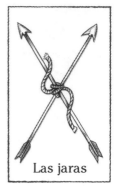

Las jaras

1. *Jesus is condemned to death.* Jesús es condenado a muerte.
2. *Jesus takes his cross.* Jesús toma su cruz.
3. *Jesus falls the first time.* Jesús cae por primera vez.

   English-Only initiative! This is America!

11. *Jesus is nailed to the cross.*
12. *Jesus dies on the cross.*
13. *Jesus is taken down from the cross.*
14. *Jesus is buried.*

The Musician

32. The Musician

The mariachis play "Las Mañanitas" for you at your birth
  and your birthdays from then on
  and at your baptism, confirmation, *quinceañera*
  also at your wedding
  then on every Mother's Day
  but most important—at your dying
  while you're dying
  and then at your death, the birth of your soul
  and from then on on the birthdays of your soul

and when "Las Mañanitas" play for another
  they play for you as well,
  then and always

yes, it's through music, especially this song,
  that we are like one
  woven together into a circle
  of birth and bloom and beyond

and it is how we create the shield
  that preserves us against the swords

32. El músico

El músico

Los mariachis te tocan "Las Mañanitas" en tu nacimiento
   y en tus cumpleaños a partir de entonces
   y en tu bautismo, confirmación, quinceañera
   también en tu boda
   luego en cada día de las madres
   pero lo más importante —en tu lecho de muerte
   mientras te mueres
   y entonces en tu muerte, el nacimiento de tu alma
   y desde entonces en los cumpleaños de tu alma

y cuando "Las Mañanitas" tocan para otro
   tocan para ti también,
   entonces y siempre

sí, es a través de la música, especialmente esta canción,
   que somos como uno
   entretejidos en un círculo
   de nacimiento y florecer y más allá

y es como creamos el escudo
   que nos protege de las espadas

and why we hum it inside, alone, when darkness comes,
for it ignites our hopes like a cake ablaze
surrounded by friends and family
those still here
as well as those now there

es por eso que la tarareamos dentro, solos, cuando llega la oscuridad,
   porque enciende nuestras esperanzas como un pastel en llamas
   rodeado por amigos y familia
   aquellos que aún siguen aquí
   así como aquellos que están allá

The Spider

What you eat
    is what you catch
    so careful where you set your web

the web you weave
    is of what you eat
    so beware of that

this is what was said
    around the table
    during our *sobremesas,* after-dinner conversations

then my barrio wanted to attract an angel
    so we ate *camotes* and drank hot chocolate
    brought by an aunt from a faraway place called Puebla

and the joy this gave
    made us ring and sound
    like the very bells the angels hung
    in that famous town's cathedral

33. La araña

La araña

Lo que comes
    es lo que atrapas
    así que cuida dónde tejes tu telaraña

la telaraña que tejes
    es de lo que comes
    así que ten cuidado

esto es lo que se decía
    alrededor de la mesa
    en nuestras sobremesas

en aquel entonces mi barrio quiso atraer a un ángel
    así que comimos camotes y bebimos chocolate caliente
    traídos por una tía de un lugar lejano llamado Puebla

y la alegría que esto nos dio
    nos hizo repicar y sonar
    como las campanas que los ángeles colgaron
    en la catedral de esa famosa ciudad

though what most amazed and astonished us all
    over here in our homes and hearts
    was that the angel we called did
    indeed come
    but hung not one
    rather many bells
    and each one inside
    every one of us

and every day they ring with praise
    and love and thanks
    while we savor the sweetmeats
    that so enchant and sweeten our talks
    after our *cenas* and *meriendas* together
    each and every day
    for those beloved Puebla cloistered nuns
    who through their prayer, kitchen and their dreams
    invented the confections, sweat breads and foods
    that continue even to this day
    to feed our souls
    and weave us together into one

aunque lo que más sorprendió y asombró a todos
     en nuestras casas y en nuestros corazones
     fue que el ángel que llamamos
     sí vino
     y colgó no una
     sino muchas campanas
     dentro
     de cada uno de nosotros

y cada día suenan en alabanza
     y amor y agradecimiento
     mientras saboreamos los dulces
     que tanto nos encantan y endulzan nuestras conversaciones
     después de las cenas y meriendas juntos
     cada y todos los días
     pues esas queridas monjas enclaustradas de Puebla
     quienes a través de su oración, cocina y sueños
     inventaron las confituras, el pan dulce y las comidas
     que continúan hasta este día
     alimentando nuestras almas
     y tejiéndonos juntos en uno solo

The Soldier

34. The Soldier

Our families came to the Rio Grande with José de Escandón
 to build the *frontera*—the northern frontier of New Spain
 against the Indians, English and French

they came as families in search of new homes
 not as the usual soldiers to arm a presidio
 to found such towns as Reynosa, Camargo, Revilla and Mier,
  as well as Laredo
 building a fortress of bonds among and between the families
 through weddings and becoming each other's *comadres* and
  compadres
 the newlyweds exchanging rings;
 the *comadres* and *compadres,* medallions on chains
 all blessed by the priest who traveled from ranch to ranch by
  mule
 representing relationships to last for evermore

through weddings, baptisms and wakes
 Easter, Christmas and Patron Saint Days
 the families all came together again
 and told their stories, tales and histories
 while also dancing, praying and, of course, barbequing

34. El soldado

The Soldado

Nuestras familias vinieron al Río Grande con José de Escandón
    para construir la frontera —la frontera norteña de la Nueva
      España
    contra los indios, ingleses y franceses

vinieron como familias en busca de nuevos hogares
    no como los soldados tradicionales para armar un presidio
    para fundar pueblos como Reynosa, Camargo, Revilla y
      Mier, así como Laredo
    construyeron un fuerte de lazos entre las familias
    a través de bodas y compadrazgos
    los recién casados intercambiaron anillos;
    las comadres y los compadres, medallones en cadenas,
    todos bendecidos por el sacerdote que viajaba de rancho en
      rancho en mula
    símbolo de que las relaciones durarían por y para siempre

a través de bodas, bautizos y velorios
    Pascua, Navidad y los Días Patronales
    las familias se juntaban de nuevo
    y contaban sus relatos, cuentos e historias
    mientras que también bailaban, rezaban y, por supuesto,
      hacían una barbacoa

when my great-great-grandfather was taken by a Comanche raid
     at the age of fourteen
     the families all mourned
     feeling defeated as soldiers
     but strengthened further as one

and three years later, when they spotted what appeared as his
     ghost
     coming up the long dusty road
     they all stared, then rejoiced
     claiming his return nothing less than a miracle

and though he was back
     he'd come back half as Indian
     insisting on hunting with just bow and arrow
     and singing and dancing around mesquite fires
     as well as sleeping outdoors on the ground

so now the families wondered and worried
     as to whether he was one of them, really
     could he actually marry
     was he capable of being a *compadre*

but when the fever spread
     killing so many
     it was he who sang to fires
     and cured them with his strange plant brews and dances

cuando mi tatarabuelo fue capturado por una redada de
        comanches a los catorce años
    todas las familias lo lamentaron
    se sintieron como soldados derrotados
    pero fortalecidos en la unidad

y tres años después cuando vieron lo que parecía su fantasma
    caminando por el largo sendero polvoriento
    todos miraron fijamente, luego se alegraron
    afirmaron que su regreso no era nada menos que un milagro

y aunque regresó
    lo hizo como mitad indio
    insistía en cazar con sólo el arco y la flecha
    y cantaba y bailaba alrededor de fogatas de mezquite
    y dormía al aire libre sobre la tierra

así que ahora las familias se preguntaban y se preocupaban
    si él era uno de ellos, realmente
    si podría casarse
    si podría ser compadre

pero cuando la fiebre se propagó
    matando a tantos
    fue él quien le cantó a los fuegos
    y los curó con sus brebajes de plantas extrañas y con sus danzas

and after the war
　　when most lost their status and lands
　　it was a band of French priests—the Oblates
　　who now came to visit
　　giving them mass and comfort
　　for the priests of the new country simply
　　called them all *dirty Mexicans*

and it was to *curanderos* they now went
　　for the new doctors were not there for them either

this is why so many in South Texas
　　are loyal to one another
　　and why it is they believe in miracles

and why, too, José de Escandón
　　is known and considered
　　the very father of El Valle

y después de la guerra
    cuando la mayoría perdió su posición social y sus tierras
    fue un grupo de sacerdotes franceses —los Oblatos
    quienes ahora venían a visitarlos
    dándoles misa y consuelo
    ya que los sacerdotes del nuevo país
    simplemente los llamaron a todos *mexicanos sucios*

y ahora acudían a los curanderos
    porque los nuevos médicos no estaban allí para ellos tampoco

es por esto que muchos en el sur de Texas
    son leales unos con otros
    y por eso creen en los milagros

y por eso, también, José de Escandón
    es conocido y considerado
    el padre de El Valle

The Star

35. The Star

Maria, means "seas" in Latin

and indeed the *Virgen de Guadalupe* wears a cloak lit with a sea
of stars

"Holy Mary, mother of God, pray for us sinners now and at the
hour of our death. Amen."

She, the patron saint of one's final voyage
all of us becoming immigrants then
journeying across the border into infinite darkness
then suddenly igniting, hooking one more star to her dress

and in time, when the earth tilts more on its axis
making the North Star to be no longer its guide

she'll still and always continue to be that and more
to our hearts and our souls

35. La estrella

La estrella

María, en latín, significa "mares"

y de hecho la Virgen de Guadalupe lleva una capa
        iluminada con un mar de estrellas

"Santa María, madre de Dios, ruega por nosotros pecadores
        ahora y en la hora de nuestra muerte. Amén".

Ella, la santa patrona de nuestro viaje final
        todos nosotros nos convertimos en inmigrantes
        viajando a través de la frontera en la oscuridad infinita
        entonces, de pronto, encendemos, enganchamos otra
                estrella en su vestido

y con el tiempo, cuando la tierra se incline más sobre su eje,
        haciendo que la Estrella del Norte deje de ser su guía

ella seguirá siendo eso y más por siempre
        para nuestros corazones y nuestras almas

The Pan

36. The Pan

In the copper pan you conjured up the most amazing sweets
    enchanting and keeping us all spellbound
    as with your sweet words like prayer
    always saying, that however full one was
    there would always be welcome room for such treasures
    to delight the day as to light up one's soul
    and best with a cup of hot chocolate
    or tea or coffee or a glass of fresh milk

and come five o'clock every afternoon
    you swung open the doors to your home
    inviting us all to join and enjoy your *merienda*
    the sweet treats, confections and delicacies
    that had spewed like magic that day from your pot
    like your delicious *camotes, cajetas, cocadas,*
    and especially your *panecitos* de maíz

and on the very sad day you passed on
    we heard you'd willed this prize to the one
    who also treasured above all
    the casting of dreams and of hopes just like spells
    with nothing more than a pot
    in which to pray down and pour
    the divine from above

36. El cazo

El cazo

En el cazo de cobre conjurabas los dulces más asombrosos
   encantando y manteniéndonos a todos hechizados
   como con tus palabras tan dulces como el rezo
   siempre diciendo, que por lleno que uno estuviera
   siempre habría espacio para acoger esos tesoros
   para encantar el día e iluminar el alma de uno
   y mejor con una taza de chocolate caliente
   o de té o café o un vaso de leche fresca

y al llegar las cinco en punto cada tarde
   abrías las puertas de tu casa
   invitándonos a todos a juntarnos y disfrutar de tu merienda
   las delicias dulces, confites y golosinas
   que ese día habían surgido como magia de tu cazo
   como tus deliciosos camotes, cajetas, cocadas,
   y especialmente tus panecitos de maíz

y el triste día en que moriste
   oímos que habías legado ese premio a uno
   que también atesoraba sobre todo
   el arrojo de sueños y esperanzas como encantos
   con sólo un cazo
   en el cual se ora y se vierte
   la divinidad de lo alto

The World

37. The World

On Easter Sunday, Jesus becomes Christ
    upon rising from the dead
    so babies are baptized
    and the new *"dons"* of adults are identified

in the first, Jesus turns divine
    original sin is stricken from the newly born, in the second
    and in the third, a person's patron spirit is recognized

and a patron spirit is separate from a person
    with the task of inspiring her to simply manifest
    miracles for the good of all, the family, the community

and this inspiring comes in many ways and guises
    some joyous, some tormenting
    apparent and contrarian
    sudden and sometimes never ending

for all that's required from a person with a *don*
    is nothing more than everything
    for only by this
    can the divine and the earthly
    finally become one

37. El mundo

El mundo

En el Domingo de Pascua, Jesús se convierte en Cristo
    al resucitar de la muerte
    por eso se bautiza a los bebés
    y los nuevos dones de los adultos se identifican

en el primero, Jesús se hace divino
    el pecado original queda eliminado de los recién nacidos, en
        el segundo
    y en el tercero, el espíritu patrono de las personas se
        reconoce

y un espíritu patrono es independiente de una persona
    con la simple tarea de inspirarla a manifestar
    milagros para el bien de todos, la familia, la comunidad

y esta inspiración viene de muchas formas y apariencias
    algunas alegres, algunas tormentosas
    aparentes y contrarias
    repentinas y a veces eternas

pues todo lo que es requerido de una persona con un don
    es nada más que todo
    pues sólo así
    puede lo divino y lo terrenal
    finalmente convertirse en uno

The Apache

---

38. The Apache

They say that every person is a constellation of child, elder,
        parent and warrior
    and that if you never had the experience of having a good
        parent
    you will likely always be a child

and if everywhere you go
    everyone and everything shoots at you like an enemy
    then it's of course your warrior who will likely always face the
        world on

38. El apache

El apache

Se dice que cada persona es una constelación de niño, anciano,
    padre y guerrero
  y que si nunca has tenido la experiencia de tener un buen
    padre
  es probable que siempre seas un niño

y si a donde quiera que vayas
  todo y todos te disparan como a un enemigo
  entonces, por supuesto, es tu guerrero quien probablemente
    siempre enfrentará al mundo

The Cactus

39. The Cactus

The children say they'll go visit the cactus
    only when its *tunas* turn juicy and ripe red

I say it's loveliest when its flowers
    in paper thin pinks and yellows
    bloom in early Spring

my mother and her *comadres* say its best
    and most astonishing yet
    when thickened and grayish with age
    it'll still manage to give us
    those tender new green *nopalitos*
    that we'll eat to sustain us through Lent

39. El nopal

El nopal

Los niños dicen que van a ir a visitar el nopal
 sólo cuando sus tunas se tornen jugosas y rojas de maduras

yo digo que es más hermoso cuando sus flores
 delgadas como el papel, rosas y amarillas
 brotan a principios de la primavera

mi madre y sus comadres dicen que es mejor
 y más sorprendente todavía
 cuando ya espeso y gris por la edad
 logra darnos
 esos nopalitos verdes y tiernos
 que comemos para sustentarnos en la Cuaresma

The Scorpion

40. The Scorpion

The scorpion constellation up in the sky
  inspired the upside down question mark
  starting all questions in Spanish
  down here below

from here we now look up to the stars
  and ask why so many museums and textbooks in Texas
  reflect not what really happened at all

and the answer we get from the lights that've seen all
  is that the scorpion that bites from its tail below
  will with time turn eagle to fly to no longer crawl
  and finally transcend to ascend as a dove

thus transforming all questions to prayers of praise

40. El alacrán

El alacrán

La constelación del alacrán allá en el cielo
    inspiró el signo de interrogación invertido
    que empieza todas las preguntas en español
    aquí abajo

desde aquí, ahora miramos las estrellas
    y nos preguntamos por qué tantos museos y libros de texto en
        Tejas
    no reflejan lo que realmente sucedió

y la repuesta que obtenemos de las luces que han visto todo
    es que el alacrán que muerde con la cola
    con el tiempo se volverá águila para volar y no arrastrarse más
    y finalmente trascender para elevarse como paloma

transformando así todas las preguntas en rezos de alabanza

The Rose

41. The Rose

Your petals—like those who gather round you on your saint's day
your stigma and stamen—like the candles ablaze on your
        birthday cake
that make all us become one—your inflorescence

and now your seeds—your dear and very soul
    fall and fly, fall and sail away
to hopefully someday bloom again as other lovely flowers

making true the very words we sing to you today,
The day you were born all the flowers were born

41. La rosa

La rosa

Tus pétalos —como aquellos que se reúnen alrededor de ti en el
     día de tu santo
tu estigma y estambre —como las velas encendidas en tu pastel
     de cumpleaños
que nos unen —tu inflorescencia

y ahora tus semillas —tu querida y misma alma
     caen y vuelan, caen y navegan
con la esperanza de florecer de nuevo como flores
     hermosas

haciendo realidad las mismas palabras que hoy te cantamos,
El día en que tú naciste nacieron todas las flores

The Skull

---
42. The Skull

The perfect white egg she holds in her hand
    while standing before the hot frying pan
    makes her remember the candy skull she once got
    her name in pink letters on its bright white forehead

now as she taps round the egg's pointy top
    with a spoon
    she thinks of her Pablo
    especially that bullet that went through his head

the spill of the gel then the yolk in the pan
    make her look off and away
    for they look too much like—
    but then the oil starts to sizzle
    igniting first her smell next her hunger

now while sliding the breakfast onto the white porcelain plate
    she marvels and says, how it looks like the sun
    white clouds all around

42. La calavera

La calavera

El huevo perfecto y blanco que lleva en su mano
    mientras se para ante la sartén caliente
    hace que recuerde la calavera de azúcar que recibió una vez
    su nombre en letras rosadas en la frente blanca y reluciente

ahora mientras le da golpecitos a la punta del huevo
    con una cuchara
    piensa en su Pablo
    especialmente en esa bala que le atravesó la cabeza

la caída de la clara, seguida por la yema en la sartén
    hacen que separe la visita y mire lejos
    porque se parecen demasiado a—
    pero el aceite empieza a chisporrotear
    encendiendo primero su olfato y después su hambre

ahora al deslizar el desayuno en el plato blanco de porcelana,
    se maravilla y dice, cómo se parece al sol
    rodeado de nubes blancas

then after done feasting with all those above
  she shuffles slowly off to the sink
  where she carefully washes the paper thin shell
  wondering the many colors she'll give it
  the paper crown it'll wear.
  Then turns with a smile
  already seeing the bright *cascarón*
  spilling its jewels of confetti
  on the perfect head
  of her newest grandchild

entonces después del banquete con todos los de arriba
    arrastra los pies lentamente hacia el fregadero
    donde lava cuidadosamente la cáscara tan fina como el papel
    preguntándose cuántos colores le dará
    qué corona de papel llevará.
    Entonces voltea con una sonrisa
    ya viendo el cascarón brillante
    derramando sus joyas en confeti
    en la cabeza perfecta
    de su nieto más nuevo

The Bell

43. The Bell

When the bells rang across town
    announcing your procession through the streets
    to end finally at the doors of your future home
    you paraded forth with a crown of flowers on your head
    jewels all sparkling throughout your gown of gold and silver
    you were very much his queen, our queen

and though we were so proud you'd been called
    I too was deep and darkly sad
    that today you'd enter through those thick and heavy doors
    to never again walk with me among our favorite places
    the very ones we loved and shared together that one and only
        day
    that you were granted to think this over—
    to die to all of this, at your young and tender age

yes, at the plaza and then at the garden, the market and the café
    and later at *merienda* of hot chocolate and *panecitos de maíz*
        at your home
    you seemed happy, radiant even
    announcing you'd decided
    and were ready to be the chosen bride

43. La campana

La campana

Cuando las campanas repiquetearon por todo el pueblo
    anunciando tu procesión por las calles
    para terminar finalmente en las puertas de tu futura casa
    tú desfilaste al frente con una corona de flores en la cabeza
    todas las joyas brillaban en todo tu vestido de oro y plata
    eras tan su reina, nuestra reina

y aunque estábamos muy orgullosos de que habías recibido
      el llamado
    yo también estaba profunda y miserablemente triste
    que hoy entrarías por esas puertas gruesas y pesadas
    para nunca jamás pasear conmigo por nuestros lugares
      favoritos
    los mismos que amamos y compartimos juntos ese primer y
      único día
    que te concedieron para reconsiderar esta decision—
    para morir a todo esto, a tu joven y tierna edad

sí, en la plaza y luego el jardín, el mercado y el café
    y más tarde en la merienda de chocolate caliente y panecitos
      de maíz en tu casa
    parecías feliz, hasta radiante
    anunciando que habías decidido
    y estabas lista para ser la novia elegida

no, you'd still be with us, with me, you added
    visiting was, of course, permitted
    and as chosen you'd pray and live a life
    benefiting us all, your family
    this I knew most mattered to your father
    proving before all and forever the pureness of our blood
    it was a calling, a duty, the highest of honors, to be among the
        few chosen

and you entered resplendent through the doors of the convent
        chapel
    and then emerged dressed in the blackness of your death
    without your jewels or crown nor glows of gold and silver
    and you were crying
    and only I knew that it wasn't for joy
    and I knew this day after day, year after year
    till the bells rang once more
    this time announcing your sudden and second death

and I came crying and carrying in my pocket
    the bright golden bird on a chain
    the one you'd left for me in your will
    the one you'd been required to write before entering
    those convent doors forever
    at our sweet age of fifteen
    the age you were
    and will be to me forever

no, todavía estarías con nosotros, conmigo, agregaste
   visitarte, por supuesto, estaba permitido
   y como elegida tú rezarías y vivirías una vida
   que rendiría beneficios a todos, tu familia
   yo sabía que eso era lo que más importaba a tu padre
   comprobarles a todos y para siempre la pureza de nuestra sangre
   era un llamado, un deber, el más alto de los honores, estar
      entre las pocas elegidas

y entraste resplandeciente por las puertas de la capilla del
      convento
   y luego saliste vestida en la negrura de tu muerte
   sin tus joyas o corona ni los resplandores de oro y plata
   y estabas llorando
   y sólo yo sabía que no era de alegría
   y lo supe día tras día, año tras año
   hasta que las campanas sonaron una vez más
   esta vez anunciando tu repentina y segunda muerte

y yo vine llorando y cargando en el bolsillo
   el pájaro dorado y brillante en una cadena
   el que me habías dejado en tu testamento
   el que te pidieron escribir antes de atravesar
   esas puertas del convento para siempre
   en nuestra dulce y tierna edad de los quince
   la edad que fuiste
   y serás siempre para mí

The Pitcher

---

44. The Pitcher

The *cantarito*, we refer to it with endearment
    for it holds our dreams and hopes as water

water, for making our frothy cups of chocolate and teas to warm
      us
    orange blossom and cinnamon
    our *aguas frescas* to cool us
    tamarindo, jamaica and *horchata*
    to feed us: *caldos* and *sopas, guisos* and *moles*
    on our everyday days
    and to then enchant us
    on our holy and *días de fiesta*

water turned holy for blessings and healings

and water, pure water, fresh from the sky,
    to simply drink,
    kissed and caressed by the earth's body,
    clay

44. El cantarito

El cantarito

El cantarito, nos referimos a él con cariño
    porque carga nuestros sueños y esperanzas como agua

agua para hacer nuestras tazas de espumoso chocolate y té para
      calentarnos
    flor de naranja y canela
    nuestras aguas frescas para refrescarnos
    tamarindo, jamaica y horchata
    para alimentarnos: caldos y sopas, guisos y moles
    en nuestros días diarios
    y luego encantarnos
    en nuestros días santos y de fiesta

agua convertida en agua sagrada para las bendiciones y las
    curaciones

y agua, agua pura, recién caída del cielo,
    para beber simplemente,
    besada y acariciada por el cuerpo de la tierra,
    el barro

The Deer

45. The Deer

The story of the blue deer was told to us as a fairy tale
about the Toltecs, our spiritual ancestors,
and how the Great Spirit created people to keep it company
but how they turned out to only care for eating and drinking

and this explains why it then turned itself into a deer
next attracting them into a hunt
where they chased him through the woods for days
till it led them into the barrenness of the desert
where they pursued
tasting meat in their hunger
until they saw it turn as blue as the sky
and as luminous as the most astonishing dream
and it was only then that they could speak to it, not hunt
and where the blue deer revealed to each one
the special seed it'd planted inside
to find, then bloom, as their *don*
each's unique and sacred task to perform

and this is why even today they hunt for deer come November
in hopes of finding and speaking with the blue deer again
and returning with a gift of a white-tailed one to make
this year's sacred Christmas tamales

45. El venado

El venado

Nos contaron la historia del venado azul como un cuento de hadas
    acerca de los toltecas, nuestros antepasados espirituales,
      y de cómo fue que el Gran Espíritu creó a las personas para
        no estar solo
      pero resultó que a las personas sólo les interesaba comer y
        beber

y esto explica por qué entonces se convirtió a sí mismo en venado
      incitándolos enseguida a una cacería
      donde lo persiguieron por el bosque muchos días
      hasta que los guió a la aridez del desierto
      donde ellos continuaron
      saboreando la carne con su hambre,
      hasta que lo vieron volverse tan azul como el cielo
      y tan luminoso como el sueño más asombroso
      y fue sólo entonces que pudieron hablar con él, no cazarlo
      y donde el venado azul les reveló a cada uno
      la semilla especial que les había plantado dentro
      para que la encontraran, y florecieran como su don
      la singular y sagrada tarea que realizaría cada uno

y es por eso que aún cazan el venado al llegar noviembre
      con la esperanza de volver a encontrar y hablar con el
        venado azul
      y regresar con el regalo de una cola blanca para hacer
      los tamales sagrados de Navidad de ese año

for the annual ritual of eating and sharing of them
    once the *Misa de Gallo,* Midnight Mass, comes to an end
    is all about welcoming the holy spirit into each one
    and igniting the divine light of our soul

porque el rito anual de comer y compartirlos
    una vez que la Misa de Gallo termine
    se trata sobre todo de dar la bienvenida al espíritu santo en
        cada uno
    y encender la luz divina en nuestra alma

The Sun

When it gets hot, hot, hot, real hot in El Valle
    our thoughts instantly turn to snow cones, *raspas,* and the
        raspa stand
    purple and red, grape and cherry
    yellow and blue, pineapple and coconut
    orange and green, *naranja* and apple

years before, our parents as kids went straight to the Ice House
    to fetch themselves a big block of ice
    then opened and scrambled through drawers
    until they found the *raspador* they hadn't seen since last
        summer
    then back and forth, back and forth, they'd scrap away
    until finally they had a big enough mound of shavings
    that they then sweetened and colored
    with a big pitcher of bright red watermelon water

yes, the hot summer sun makes *raspas,*
    and the *raspas* make us all children once again

46. El sol

El sol

Cuando se pone caliente, caliente, caliente, bien caliente en El
    Valle
    nuestros pensamientos vuelven instantáneamente a las
        raspas y el puesto de raspas
    morado y rojo, uva y cereza
    amarillo y azul, piña y coco
    anaranjado y verde, naranja y manzana

años atrás, nuestros padres de niños iban directamente al depósito
        de hielo
    para traer un bloque grande de hielo
    luego abrían y revolvían los cajones
    hasta que encontraban el raspador que no habían visto desde
        el verano pasado
    entonces raspaban pa'delante y pa'trás, pa'delante y pa'trás
    hasta que por fin tenían un buen montón de hielo raspado
    que después endulzaban y coloreaban
    con una jarra grande de agua de sandía roja brillante

sí, el sol caliente de verano hace raspas,
    y las raspas nos transforman a todos en niños otra vez

The crown

47. The Crown

We enjoy our *merienda* every single day at five
    not only on the day of January six
    with a King's cake—jeweled with candied fruit
    all nice and round and shaped like a crown
    while on all the other days at five,
    there's *pan dulce, camotes, panecitos de maíz*
    along with all other sweet confections too
    to first delight the eyes and then our very souls

this all started with someone we loved from long ago
    and though we've never met her we've surely heard of her so
    especially at all the *meriendas* I enjoyed and remember
        growing up
    first as a child, while eating rice puddings, fresh milk and
        such
    and then when getting older with sweetmeats
    and cups and more cups of the sweet chocolate,
    all frothy and hot

47. La corona

La corona

Disfrutamos de nuestra merienda todos los días a las cinco
    no sólo el día seis de enero
    con una rosca de reyes —enjoyada con frutas confitadas
    tan linda y redonda y en forma de corona
    mientras que los otros días a las cinco,
    hay pan dulce, camotes, panecitos de maíz
    junto con otras confituras
    que primero deleitan a los ojos y después nuestras
        almas

todo esto comenzó con alguien que amamos desde hace mucho
        tiempo
    y aunque nunca la hemos conocido, seguramente hemos oído
        de ella
    especialmente durante todas las meriendas que disfruté y
        recuerdo al crecer
    primero como niña, al comer pudines de arroz, leche fresca y
        otras cosas
    y después al ir creciendo con confituras
    y tazas y más tazas de chocolate dulce,
    todo espumoso y caliente

and now it's with mugs of strong coffee, *pan dulce* and talk
    that we gather again together at five
    to sit and give thanks to the one who gave all
    upon entering the convent in New Spain forever at fifteen
    to live and cook and pray for us all

yes, it's for her why
    we continue this *merienda* ritual at five
    where we prepare the *camotes, panecitos,* confections and
        drinks
    using the same recipes she wrote so carefully and handed
    down and that still to this day give such joy to our days
    by feeding our eyes, our souls, the heart of our selves

so stop by at five any day on your walk
    we'll welcome you with a cup of hot chocolate and a piece of
        sweet bread
    and then host you as if you were nothing less than an angel
    the very one
    the one we love
    enjoyed cooking for

y ahora con tazas de café cargado, pan dulce y conversación
    cuando nos juntamos otra vez a las cinco
    para sentarnos y dar gracias a la que dio todo
    al entrar al convento de la Nueva España para siempre a
        los quince años
    para vivir y cocinar y rezar por todos nosotros

sí, es por ella que
    continuamos este ritual de merendar a las cinco
    de preparar camotes, panecitos, confecciones y
        bebidas
    con las mismas recetas que ella escribió con tanto
        cuidado y nos heredó
    y hasta hoy día, eso nos da tanta alegría
    al alimentar nuestros ojos, nuestras almas, nuestro propio
        corazón

así que pasa cualquier día a las cinco
    te daremos la bienvenida con una taza de chocolate caliente y
        un pedazo de pan dulce
    y luego te recibiremos como si fueras nada menos que un
        ángel
    el mismo
    que amamos y
    para quien disfrutamos cocinar

The Canoe

48. The Canoe

Oh, the Falfurrias Museum . . .
well, it's got this entire room filled with
    rows and rows and rows of cowboy boots
    all belonging to Texas Rangers

but, the Latinos, many of us . . .
well, we don't ever enter there
    we go to the cemeteries instead
    to see the rows and rows and rows
    of tombs and crosses and memories
    all belonging to family members and friends
    some shot by the Texas Rangers
    in the back
    on the very land we once owned
    before the war

and, these cemeteries . . .
well, they are in the ground
    and also in our homes and songs and pictures
    and food and *dichos* and *cuentos*
    and *sobremesas* and *bodas* and *quinceañeras*
    and . . .

48. La chalupa

La chalupa

Ay, el museo de Falfurrias . . .
bueno, tiene un cuarto entero lleno de
    filas y filas y filas de botas de vaquero
    todas pertenecían a los *Texas Rangers*

pero, los latinos, muchos de nosotros . . .
bueno, no entramos nunca allí
    mejor vamos a los cementerios
    para ver las filas y filas y filas
    de tumbas y cruces y recuerdos
    todas pertenecen a miembros de la familia y amigos
    algunos balaceados por los *Texas Rangers*
    en la espalda
    en la misma tierra que alguna vez fue nuestra
    antes de la guerra

y, estos cementerios . . .
bueno, ellos están en la tierra
    y también en nuestras casas y canciones y retratos
    y comida y dichos y cuentos
    y sobremesas y bodas y quinceañeras
    y . . .

because, . . .
well, the Texas museums just like its textbooks
    have rows and rows and rows
    of rooms that show and tell its history
    with rooms like the one in the Falfurrias' museum
    the one with the cowboy boots of the Texas Rangers
    without one clue or sigh of the *vaqueros*, the original cowboys
    or the Tejas, the native Indians there

and, we know too . . .
well, about this war right now
    in Iraq and all
    why it goes on and on
    and will go on and on
    after even the shooting stops

porque, . . .
bueno, los museos de Texas igual que sus libros de texto
    tienen filas y filas y filas
    de cuartos que muestran y cuentan su historia
    con cuartos como el del museo de Falfurrias
    aquel con las botas de vaquero de los *Texas Rangers*
    sin una pista ni un suspiro de los vaqueros, los *cowboys*
       originales
    o los Tejas, los indios nativos de allí

y, también sabemos . . .
bueno, de la guerra de hoy
    en Irak y todo
    por qué sigue y sigue
    y va a seguir y seguir
    incluso hasta aún después de que cese el tiroteo

The Pine

49. The Pine

You don't have showy flowers
    for you
    have the very wind
    as your friend
where the others,
    those with the flashy blooms
    of bright colors and exotic scents
    need them to attract the bees, bats and birds
    to simply continue on
and isn't it so, that two of out of the three magi
    simply brought gifts of frankincense and myrrh
    the very resin and essence of trees
    that's as valued and valuable as gold

49. El pino

El pino

No tienes flores vistosas
    porque tú
    tienes al propio viento
    como amigo
cuando los demás,
    esos con las flores llamativas
    de colores brillantes y aromas exóticos
    las necesitan para atraer a las abejas, murciélagos y pájaros
    para simplemente continuar
y ¿no es cierto que dos de los tres reyes magos
    simplemente trajeron regalos de incienso y mirra
    la misma resina y esencia de los árboles
    que es tan apreciada y valiosa como el oro?

The Fish

50. The Fish

To catch a nice big fish
  you'll need to use the right bait
  such as a smaller fish
  and if the fish you wish is not really a fish
  but rather an angel or a saint instead
  well, surely the bait can't be a worm or a wobbly bit of wire
    plastic

to catch an angel in El Valle
  you'll need to use the biggest angel there
  Michael, as in Saint Michael, the Archangel,
  a patron saint of El Valle

But wait, you say: Is he saint or angel?

Neither and both, more like a bridge on a border

But what did the people use to attract such a big one?
  Is it 'cause there's such good fishing at Padre and up there at
    Falcon?

50. El pescado

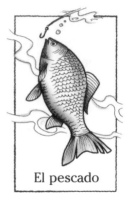

El pescado

Para pescar un pez bien grande
    tendrás que utilizar la carnada correcta
    como un pescado más pequeño
    y si el pescado que deseas no es realmente un pescado
    sino más bien un ángel o un santo
    bueno, seguramente la carnada no podrá ser un gusano o un
        tembloroso pedazo de alambre plástico

para pescar un ángel en El Valle
    tendrás que utilizar al ángel más grande de allí
    Miguel, o sea, San Miguel, el Arcángel,
    un santo patrón de El Valle

Pero espera, preguntas: ¿Es santo o ángel?

Ni uno y ambos, más bien un puente en una frontera

¿Pero qué utilizó la gente para atraer a alguien tan grande?
    ¿Es porque hay tan buena pesca en Padre y allá arriba en Falcón?

No, the answer's not found in the gulf water or the dam for that
     matter
   but rather in the oceans of prayers and fasts and good works
     of our forbearers
   along with those of the many *viejitas*
   who now spend their days lighting candles
   alone and together

No, de hecho, la repuesta no se encuentra en el agua del golfo ni
        la presa
    sino en los océanos de rezos y ayunos y buenas obras
        de nuestros antepasados
    junto con los de las muchas viejitas
    que ahora pasan sus días prendiendo velas
    solas y juntas

The Palm

La palma, el naranjo, el ébano, el mesquite
    the trees in our backyard

from the palm,
    we took leaves and weaved them into crowns
    then into crosses on Palm Sunday

the blossoms of the orange tree
    made the sweetest teas for our *meriendas*
    then, brewed with prayer, cured our illnesses like *susto*

and each year we looked forward to eating the pods of the ebony
    while later it was where we'd hang and skin
    our hunt of white and cotton tails

as for the mesquite
    we climbed it for sport
    sat under it for shade
    cut it for arrows
    ate its sweet beans
    and then burned of it to make our best barbeques

51. La palma

La palma

La palma, el naranjo, el ébano, el mezquite
  los árboles en nuestro patio trasero

de la palma,
    tomábamos hojas y con ellas tejíamos coronas
    y cruces para el Domingo de Ramos

las flores del naranjo
    hacían los tés más dulces para nuestras meriendas
    después, preparadas con oración, curaban nuestras enfermedades
        como el susto

y cada año esperábamos comer las vainas del ébano
    y luego allí colgábamos y desollábamos
    nuestra caza de venado y conejo

en cuanto al mezquite
    lo trepábamos por deporte
    nos sentábamos debajo para la sombra
    lo cortábamos para hacer flechas
    nos comíamos sus frijoles dulces
    y después lo quemábamos un poco para hacer nuestras
        mejores barbacoas

now though our clapboard house has since crumbled
these dear old trees still stand
making us feel
that we're back home again

ahora aunque nuestra casa de tablillas se ha desmoronado
estos queridos árboles viejos siguen en pie
haciéndonos sentir
que estamos en casa otra vez

The Flower Pot

52. The Flower Pot

The saying goes that whoever is born for a flowerpot never
    leaves the porch

we say that it all depends on who the who is
    for we grew up hearing the most amazing stories
    of our ancestors, cloistered nuns,
    who though shut off from the world of New Spain
    behind thick walls and bolted doors,
    did travel away from their corridors
    sometimes even seen in two places at once
    and that they learned this miraculous stuff
    because they'd been born
    for a flowerpot on a porch

52. La maceta

La maceta

El dicho dice que quien nace para maceta nunca deja el corredor

nosotros decimos que todo depende de quién es el quien
    pues crecimos escuchando las historias más asombrosas
    de nuestras antepasadas, monjas de claustro,
    que aunque aisladas del mundo de la Nueva España
    tras paredes gruesas y puertas cerradas,
    viajaban fuera de sus pasillos
    a veces hasta las veían en dos lugares al mismo tiempo
    y que aprendieron estas cosas milagrosas
    porque habían nacido
    para maceta de corredor

The Harp

53. The Harp

Like in the last psalm, we end with praise
    sounding the harp

as do the angels

like the prairie dogs too
    for the last thing they do
    is turn to the sun
    front paws in prayer

and as now the *mariachis* now play
    to you
    our once luminous
    now setting sun

53. El arpa

La arpa

Como en el último salmo, terminamos con la alabanza
    tocando el arpa

al igual que los ángeles

como los perros de la pradera
    pues lo último que hacen
    es voltear hacia el sol
    con las patas delanteras en pos de rezo

y como los mariachis ahora tocan
    para ti
    nuestro apagado
    sol poniente

The Frog

54. The Frog

In the dry spells we all gather and pray for rain
  like frogs calling the thunder and lightning to relieve our pain
  to wash and cleanse and help us begin again

this, the secret of the Mayan prophesy we've all heard
  how this very world is destined to end
  on the twenty-first of December, two thousand two and ten

and just as their shamans took water in their mouths
  and spewed it over all those wishing to be cleansed
  washing them of darkness—their negative selves
  we, too, call for rain from the heavens to fall

for finally we've found the portal from here to the world up above
  the truth of the prophesy—the Kingdom of Heaven's on Earth
  that we've now learned to reach from below and as from above

54. La rana

La rana

En los tiempos de sequía todos nos juntamos y rezamos para
    que llueva
    como ranas llamando al trueno y relámpago para aliviar nuestro
    dolor
    para que nos lave y limpie y ayude a empezar de nuevo

éste, el secreto de la profecía maya que todos hemos oído,
    que este mundo está destinado a terminar
    el veintiuno de diciembre, del dos mil dos y diez

y así como sus chamanes tomaban agua en sus bocas
    y la arrojaban sobre todos los que deseaban ser purificados
    lavándolos de la oscuridad —sus seres negativos
    nosotros también llamamos para que caiga la lluvia de los cielos

pues finalmente hemos encontrado el portal de aquí hacia el mundo
    de allá arriba
    la verdad de la profecía —El Reino de los Cielos está en la
    Tierra
    que ahora hemos aprendido a alcanzar tanto desde abajo como
    desde arriba

Viola Canales is the author of *Orange Candy Slices and Other Secret Tales* (Piñata Books, 2001) and *The Tequila Worm* (Wendy Lamb Books, 2005), winner of the 2006 Pura Belpré Award and the PEN USA Award. It was published in Spanish as *El Gusano de Tequila* in 2012.

A graduate of Harvard College and Harvard Law School, she was a captain in the U.S. Army and worked as a litigation and trial attorney. In 1994, she was appointed by President Bill Clinton to the U.S. Small Business Administration.

She lives and works in Stanford, California.

•◆••◆••◆••◆••◆••◆••◆••◆••◆••◆•

Viola Canales es autora de *Orange Candy Slice* and *Other Secret Tales* (Piñata Books, 2001) y The Tequila Worm (Wendy Lamb Books, 2005), ganadora los premios Pura Belpré 2006 y PEN USA; y en el 2012, se publicó en español bajo el título *El Gusano de Tequila*.

Es egresada de Harvard College y Harvard Law School y capitán en el ejército de los Estados Unidos y trabajó como abogado litigante. En 1994 fue nombrada para el Small Business Administration de los Estados Unidos por el presidente Bill Clinton.

Vive y trabaja en Stanford, California.